Stille Tage auf Sylt

Stille Tage auf Sylt

Hans Jessel

Ellert & Richter Verlag

folgende Doppelseiten: Morgendämmerung über der Lister Wanderdüne;
Wattufer vor der Rantum Inge; Rotes Kliff in der Abendsonne

215

Im Zauber der Insellandschaft

Hans Jessel

Seit nunmehr viereinhalb Jahrzehnten arbeite ich an einem fotografischen Projekt, das sich zunehmend als unerschöpflich erweist: den Zauber der Sylter Landschaft in Fotografien zu dokumentieren. Diverse Bildbände, hunderte von Kalendern und unzählige Ausstellungen bezeugen mein Bestreben, das sich von der Arbeitsweise eines Porträtfotografen nur vom physischen Einsatz her unterscheidet, kaum aber in der Sache: der „Seele" dieses landschaftlich so herausragenden Stückchens Erde möglichst nahe zu kommen. Mit dem kleinen Unterschied, dass ich das dafür ideale Licht nicht selber „setzen" kann, sondern das natürliche Licht sprechen lasse.

Die Schulung für diese Unternehmung begann früh: Mein Vater als in der Forschung tätiger Bioklimatologe sorgte bereits in meinen Kinderjahren für den notwendigen wissenschaftlichen Input. Wie beispielsweise eine Wettervorhersage, abgelesen aus Windrichtung, Wolkenart und Sichtverhältnissen – einem kurzen Blick in den Himmel also – zu zuverlässigen Prognosen führt.
Das Thema „Landschaft" geriet in das Visier meines Interesses, als ich meinen Zivildienst bei der „Schutzstation Wattenmeer" begann, und es bald zu meiner Aufgabe wurde, den Teilnehmern meiner Führungen und Vorträge deren Reize nahezubringen. Dabei wurde mir immer deutlicher, dass viele landschaftliche Details, die mir als Insulaner mehr als selbstverständlich erschienen, bei Besuchern einen deutlich höheren Stellenwert besaßen.

Das Vorhandensein von Dünen beispielsweise, die – zugegebenermaßen spektakuläre – Brandung am Weststrand, und immer wieder dieser rasche Wetterwechsel, das waren die Themen, die faszinierten und interessierten. Somit begann ich, diese zu fotografieren – aus dem Blickwinkel eines Insiders.
Frei nach dem Motto „Man sieht nur, was man weiß" absolvierte ich nebenbei ein Studium, währenddessen entdeckte ich Portugal als „mein" Reiseland. Neben den spektakulären Atlantikstränden beeindruckte mich besonders die Inselgruppe der Azoren, bevor ich ab Anfang der 1990er Jahre verschärft begann, mich meiner eigenen Heimat zu widmen – eine Entscheidung, zu der mich zwei Gründe führten. Zum Einen beschäftigte ich mich mit der Arbeitsweise meiner großen amerikanischen Vorbilder in Sachen Landschaftsfotografie, Ansel Adams und Elliot Porter, die stets betonten, man solle „vor der eigenen Haustür" fotografieren, denn die Heimat kenne man wie die eigene Westentasche und jeder könne dort am besten üben, mit Licht und Linien umzugehen.
Zum Zweiten erhielt ich als Fotolektor auf der MS Hanseatic die Möglichkeit, die schönsten Küsten der Welt zwischen Spitzbergen, Galapagos, Karibik und Südafrika in Augenschein zu nehmen – um diese, wie auf allen meinen Reisen, stets mit den heimatlichen Gegebenheiten zu vergleichen. Und dabei schnitt Sylt erstaunlich gut ab.
Dem insularen „Zauber" rücke ich heute mit professioneller Methodik zu Leibe: Ausgehend von bestimmten „Stillen Winkeln" mit großem Weitblick – siehe dazu den Beitrag des ehemaligen GEO-Chefredakteurs Hermann Schreiber – , die ich je

nach Sonnenstand, Jahreszeit und aktueller Windrichtung wähle, gehe ich mit im Geiste vorgefertigten Bildern in die Landschaft und versuche, Wunsch und Wirklichkeit in Einklang zu bringen. Das heißt: Landschaft, Licht und Wolken in perfekter Harmonie zu vereinen – und abzubilden. Stille ist das, was meine präferierten Locations auszeichnet, und auch den Bilderreigen dieses Buches durchzieht, das einen Jahreszyklus darstellt – beginnend im Frühjahr. Die Zitate namhafter Persönlichkeiten untermalen die speziellen Situationen und Stimmungen magischer Momente.

Hans Jessel, Sylt

Frühjahr

Das wilde Wogen fängt kein Bild der Ferne,
die stille Flut nur spiegelt Gottes Sterne.
Wilhelm Müller-Rüdersdorf (1889–1945), Schriftsteller

Stiller Morgen am Wattenmeer
folgende Doppelseite: Sonnenwende am Waadens Siil

Alles in allem: Ich liebe diese Insel.
Auch wenn ich nicht da bin, ist allein der Gedanke, dorthin fahren zu können, in schwierigen Zeiten tröstlich.

Ole von Beust (Jurist & Ex-Bürgermeister von Hamburg)

Rantumer Strandtreppe im Rosenmeer

Erstaunlich, dass am 40 Kilometer langen Weststrand
immer noch Plätze zu finden sind,
an denen man fast allein unterwegs sein kann.

Silke von Bremen (*1959) Sylt-Kennerin und Schriftstellerin

Abendlicht über dem Strand von Rantum

Nirgendwo anders würde man es als so selbstverständlich hinnehmen, wenn ein Engel gleich einer Silbermöwe vorbeiflöge.

Ernst Penzoldt (1892–1955), Schriftsteller

Turtelndes Silbermöwenpaar

folgende Doppelseite: Möwenschwarm am Strand vor Kampen

Alles auf der Insel ist ganz nah und gegenwärtig und zugleich in einer gläsernen Ferne.

Peter Suhrkamp (1901–1959), Verleger

Galloways vorm Kampener Leuchtturm

Es ist so schön hier, daß man nicht weiß,
wo man sich lassen soll.
Fritz Wichert (1878–1951), Direktor der Mannheimer Kunsthalle

Uthlandfriesisches Haus in Keitum

Lohnender noch war die andere weitere Partie
in südöstlicher Richtung nach Keitum und Morsum,
wo fruchtbarer Marschenboden,
üppige Getreidefelder und gute Wiesen zum
Vorschein kamen und in den Orten selbst schöne
Gärten die anliegenden Häuser schmückten.

L. Kesseler, Lehrer

Begegnung am Morsumer Nössedeich
folgende Doppelseite: Abends am Morsum Kliff

Manchmal möchte man Schaf sein: kauen, blinzeln, schlafen, nützen.
Wissen, Wollen und Können sind in der Schwebe.
Vielleicht ist ein helles Nichtwissen um sie, das sie beschützt.
Sie müssen nicht grübeln, sich nicht in Szene setzen, nicht nach Erfolg jagen, nach Geld und Gut. (...)
Einfach da sein – das genügt nicht, dir nicht.
Du kannst lachen und weinen und dir vorstellen, ein Schaf zu sein oder der Kaiser von China:
du noch ganz anders, du noch im Werden. Überleg, wohin und wie.

Traugott Giesen (*1940), ehemaliger Pastor in St. Severin/Keitum

Schafe im Morgennebel

So sieht wohl das Inbild von Kirche in unser aller Seele aus:
Ein schützendes Haus mit wehrhaftem Turm und innen Geborgenheit.
Hier läßt's sich verweilen. Man setzt sich in eine Bank,
und der Blick tastet die Zeichen des Glaubens ab,
die Generationen in ihr „gemeinsames Haus" eingebracht haben.

Traugott Giesen (*1940)

St. Severin im Keitumer Frühling

Sommer

Dazu ist das Badeleben höchst monoton.
Keine Musik, kein Tanz, keine Gesellschaften; (...)

Julius Rodenberg (1831–1914), Journalist und Schriftsteller

Am Westerländer Zentralstrand

2157
2148
2147
2146

Nun wandert man (...) oben auf der Kante des Roten Kliffs
am Meere entlang Kampen zu. Zwanzig Meter tiefer singt die Brandung.
Unendlich verlassen um diese Mittagsstunde die ungeheure Dünenwelt.
Das bisschen Strandhafer mit seinem harten Gras und die Möwen,
die lautlos vorbeischweben, sind das einzig Lebende in dieser Welt.

Hans Fallada (1893–1947), Schriftsteller

Blick vom Roten Kliff

folgende Doppelseite: Strand vor Baakdeel in Westerland

Die Dünen, eben noch so scheinbar fern,
ein paar Schritte und sie sind ganz nah.
Heute leuchtet ihr Sand so weiß wie Schnee...

Ernst Penzoldt (1892–1955), Schriftsteller

Heideblüte vor der Kleinen Wanderdüne

Mein Suchen nach Motiven ist bereits von einigem Erfolg gekrönt worden:
Bei Wenningstedt, etwas höher nordwärts als Westerland,
erinnert das langgestreckte rote Kliff wirklich an die großartigen,
northumbrischen Felsenküsten,
und der Strand hat allerlei malerische Windungen und Buchten.

Bernhardine Schulze-Smidt (1846–1920)

Holzsteg auf dem Rotem Kliff

Nichts kommt dem Rauschen des mäßig bewegten Meeres gleich,
dem desinteressierten Wellenschlag einer hörbar gewordenen Stille.
Matthias Politycki (*1955), deutscher Schriftsteller

Wellen vor Westerland
folgende Doppelseite: Lister Königshafen mit Sandnehrungen

Nach einer Weile verlassen wir den Sandweg, und die Norddörfer Haide
(so genannt nach den Norddörfern Kampen, Braderup und Wenningstedt)
liegt vor und um uns, uferlos möchte ich sagen,
mit so gut wie gar keinem Weg, und nur gen Westen von der Dünenkette begrenzt.
Das ist die Haide, wie ich sie lange gekannt;
die Hügel, die Thäler, die ich oftmals durchschweift,
und ich meine, sie müßten sich bewegen, wie ich bewegt bin vom Wiedersehen.

Julius Rodenberg (1831–1914), Journalist und Schriftsteller

Braderuper Heide

Hier ist es in jeder Beziehung ideal, ich pfeife auf Italien und ähnliches.

Wieland Wagner (1917–1966), Opernregisseur und Bühnenbildner

Reetdachhaus an der Braderuper Heide

Herzliche Grüße von Sylt...
Es ist das merkwürdigste Stück Erde, das ich je gesehen habe.
Adolf Hengeler (1863–1927), Kunstmaler

Fischkutter vorm Hörnumer Hafen
folgende Doppelseite: Radweg durch die Dünen

Die Luft über Sylt schaffte ein seltsames Hochgefühl, eine beständige Euphorie, etwa wie das erste Glas Champagner nach einem stressigen Tag.

Hanns-Joachim Friedrichs (1927–1995), Journalist und Moderator

Strandreiter bei Baakdeel

Wer die Insel betritt, wird vom Wind gepackt,
der immer weht und den Gast nicht mehr freigibt.

Wolfgang Paul, Texter

Kitesurfer vor Westerland

Schade, dass man zwar die Augen,
nicht jedoch die Ohren schließen kann.
(Unbekannt)

Dieselbe Insel, bei Nebel und Regen ganz ins Spukhafte verdämmert,
hat plötzlich etwas Antikisches. Eine Luft wie Glas:
Die Ferne ist fern, aber klar und genau, ungespenstisch, heiter und endlich.
Max Frisch (1911–1991), Schweizer Schriftsteller

Morgenstimmung auf der Strandpromenade vor Westerland

Strandkorbvermietung

Herbst

Der Leuchtturm, der bei jedem dritten Atemzug
meine warmen Heuhaufen bescheint,
hat etwas rührend Arbeitsames in dieser großen Stille.
Max Frisch (1911–1991), Schriftsteller

Herbstmorgen am Kampener Quermarkenfeuer
folgende Doppelseite: Strandkorb vor einer Regenfront

668
668

Lass deine Augen offen sein,
geschlossen Deinen Mund,
und wandle still,
So werden Dir geheime Dinge kund.
Hermann Löns (1866–1914), Naturforscher

Kamtchatkarose im Herbst

Ich muss mich ganz im Stillen mit meiner Außenwelt reiben, sonst werde ich untauglich für die Welt.

Paula Modersohn-Becker (1876–1907), Malerin

Regenbogen am Rantum-Damm

Die Beleuchtung macht‘s, der unendliche Himmel,
die aufgehende und untergehende Sonne, der Widerschein des Wassers.
Ernst Penzoldt (1892–1955), Schriftsteller

Sonnenaufgang am Rantum-Becken-Deich
folgende Doppelseite: Blühende Heide vor Kampen

Nirgends fühlt sich ein Mensch so wohl wie auf einer schmalen
Insel mit Dünen-Hochtälern und Möwennistungen
zwischen zwei Meeren, mit Salzluft und braunviolettem Heidepelz,
mit geduckten Friesenhäuschen, von Steinwällen umhegt,
mit einem gelben Mond darüber...

Alfred Kerr (1867–1948), Kritiker

Monduntergang über den Dünen bei Klappholttal

Alles ist schön, wie es aus den Händen des Schöpfers kommt,
alles entartet unter den Händen des Menschen –
dieser Satz Rousseaus kommt einem sofort in den Sinn.
Und von allen durch den Menschen bewirkten Entstellungen,
so möchte man ergänzen, sind die des Krieges die scheußlichsten.

Kurt Lothar Tank (1910–1978), Journalist

Strandhafer im letzten Licht

Es gibt kein zweites Eiland, das nur entfernt neben Sylt sich stellen könnte,
es gibt auch keins, das so furchtbar von der zerstörenden Gewalt des empörten,
sturmdurchwühlten Meeres zu leiden hat als Sylt.

Ernst Willkomm (1810–1886), Schriftsteller

Dünenabbrüche an der Hörnum Odde

Stille ist kein objektiv zu beschreibender Zustand,
Stille ist – wie der Lärm – eine Frage des Bewusstseins, der subjektiven Wahrnehmung. (...)
Das Individuum, nicht sein Umfeld entscheidet, was Stille ist.

Hermann Schreiber (1929–2020), Journalist & Autor

Wolkenspiegelung in der Lister Blidselbucht
folgende Doppelseite: Herbstmorgen am Kampener Wattufer

Ich suchte Algen am Strand.
Steine und Muscheln sammelte ich und pflückte Gräser und Strandhafer.
Und in allem vernahm ich mich selbst.
Ich hörte meine Stimme in dem Tosen des Sturmes.

Siegward Sprotte (1913–2004), Maler und Schriftsteller

Da ist etwas Zwickendes, als häute man sich, als blase der Wind den Dreck
der Welt von einem – und lenke die Gedanken durchaus auch ins Schattenreich.
Das Meer gibt an manchen Tagen ein leicht zischendes,
fast metallenes Feilengeräusch, als dengle Gevatter Sensenmann sein Handwerksgerät.
Vielleicht ist es auch das, was Künstler so in den Bann zieht;
himmelhoch jauchzend, zu Tode betrübt ist ja keinem von ihnen fremd.

Fritz J. Raddatz (1931–2015), Feuilletonist und Romancier

Winter

Die größten Ereignisse,
das sind nicht unsere lautesten,
sondern unsere stillsten Stunden.

Friedrich Nietzsche (1844–1900), Philosoph

Kalter Wintermorgen vorm Kampener Roten Kliff

56
101
130
191
239
18
116
89
117
242

Eine Stille herrschte, die nur mit einem Ausdruck bezeichnet werden kann: gewaltig (...)
Im Brüllen des Orkans hört man diese Stille, und in der Stille ist die Gewalt des Orkans;
Orkan und Stille sind Äußerungen der gleichen Natur.

Peter Suhrkamp (1891–1959), Verleger und Autor

Sturmbrandung an der Sylter Westküste
folgende Doppelseite: Dünenlandschaft im Meeresdunst

Über dieser Insel schwebt ein seltsames Etwas,
man wird davon infiziert und berauscht.

Edmund Hoehne (Lebensdaten unbekannt), Schriftsteller

Krummholzkiefer in der Braderuper Heide

Schnee liegt auf der Heide, auf den Dünen,
und das Meer schickt große Wellen auf den weißen Strand.
Es ist eine große unendliche Einsamkeit.
Maßstäbe für Raum und Entfernung gibt es nicht mehr.

Will Sohl (1906–1969), Maler

Schneegestöber über dem Strand

Es gibt vielerlei Lärm. Aber es gibt nur eine Stille.

Kurt Tucholsky (1890–1935), Schriftsteller

Strandhaferbulte im Schnee

folgende Doppelseite: Wintermorgen vor Munkmarsch

Als großes Glück wünsche ich mir Frieden in der Welt
auf immer und ewig, als kleines, praktisches Glück genügt „die Insel“.

Hanns Joachim Friedrichs (1927–1995), Journalist und Moderator

Monduntergang vor Westerland

3426
3427
3429
3430
3440
3432

Die Bank
am Rande der Jückersmarsch

Hermann Schreiber

Der stille Winkel, von dem ich erzählen will, ist gar kein Winkel, sondern ein Weg – und still ist er auch nur selten, auch nicht zu den Zeiten, die nicht mehr zur Sylter Saison zählen. Aber er führt mich hin zu der Stelle auf der Insel, die für mich im Lauf der Jahre zum stillen Winkel schlechthin, zu meinem ganz persönlichen Ruhepunkt geworden ist.

Das ist eine Bank am Rande der Jückersmarsch, des Stückes Land am Watt zwischen Munkmarsch und Keitum. Die Bank steht vor einem Gebüsch, wo, wie inzwischen überall auf der Insel, die aus Asien eingewanderten Kamtschatkarosen wachsen, auch „Kartoffelrosen" genannt, und an einem kleinen Hügel über jenem Weg, auf dem die Jogger und die Spaziergänger mit oder ohne Stöcke vorübergehen. Dorthin zieht es mich an jedem Morgen, den ich auf der Insel verbringen kann.

Der Weg führt am Wattenmeer entlang, auf dem Ostufer der Insel. Die ist für viele Sylter, ob nun einheimisch oder zugewandert, die „Schokoladenseite" der Insel. Man ist dort relativ sicher vor Sturmfluten, und es gibt Stellen, die selbst dann noch verlassen wirken, wenn die Insel im Übrigen „ausgebucht" ist. Auch die Reichen und die Schönen siedeln vorzugsweise am Ostufer der Insel, besonders am Kampener Watt. Das Watt – für die einen ist es das ewig trauernde

Stiefkind des Meeres, für die anderen ein wunderbarer Gegensatz zum offenen Meer, eine Art Urweltlandschaft, deren Einsamkeit unerhört ist. Beides stimmt. Nirgends sonst führen Ebbe und Flut zu einem so dramatischen Szenenwechsel wie hier; einmal ist das Watt bis zum Horizont eine Fläche von glitzernden, manchmal sogar schäumenden Wellen, dann wieder ist es eine dunkle Wüstenei aus Schlick. Und darüber findet jede Stunde ein anderes Himmelstheater statt, mit ständig wechselnder Beleuchtung, die das Watt reflektiert. (...)
Seit im vergangenen Jahrhundert Dämme vom Festland zu den Inseln Sylt und ihrer nördlichen Nachbarin Rømø gebaut worden sind, ist die Wattenmeerbucht zwischen diesen beiden Dämmen, zwischen dem Sylter Ostufer und dem dänischen Festland eine Lagune. Heute verbindet sie nur noch das 2,5 Kilometer breite Lister Tief mit der offenen Nordsee. Durch diese Wattrinne aber fließen mit jedem Gezeitenwechsel mindestens 500 Millionen Kubikmeter Wasser ein und aus – genug jedenfalls, um bei gehörigem Winddruck die Salzwiesen der Jückersmarsch vollständig zu überfluten.
Manchmal steigt das Wasser so hoch, dass der Bauernhof an der Straße von Keitum nach Munkmarsch aussieht wie eine Hallig bei „Land unter“ und die Pferde, die dort auf der Weide

Sonnenaufgang über Hermann Schreibers Bank

sind, sich auf ein paar nicht überflutete Flecken zurückziehen müssen. An solchen Tagen ist dann auch jene Verbindungsstrecke überflutet, von der die Jückersmarsch durchquert wird. Vor einigen Jahren war die Strecke noch ein Steg aus Bohlenbrettern, bequem zu gehen, aber den hat das steigende Hochwasser ein paar Mal so energisch angehoben und weggedrückt, dass man ihn schließlich entfernt hat. Jetzt ist da nur noch einer jener gegen Überflutungen unempfindlichen Trampelpfade, wie man sie – freilich schmaler – an vielen Stellen in der Sylter Heide finden kann.

Dieser Weg also muss unterhalb des Bauernhofs einen Priel überqueren, eigentlich ein Rinnsal, aber wenn viel Hochwasser die Salzwiesen überschwemmt, dann wird dieser Priel zum Strom. Eine schlicht gezimmerte, gerade Holzbrücke, auf der man ihn in früheren Jahren überqueren konnte, hat dem Druck des mit der Tide ein und aus strömenden Wassers nicht standgehalten. Eine Weile noch stand sie schief und provisorisch abgestützt den Spaziergängern zu Diensten, dann war sie wohl zu unsicher geworden und musste ersetzt werden. Jetzt überquert man diese Stelle quasi bogenförmig, nämlich auf einer solide gefertigten, den Rialto-Schwung elegant nachahmenden Holzbrücke, die beiderseits auf Betonfundamenten ruht und zumindest so aussieht, als werde sie dem Druck des Wassers länger trotzen als ihre Vorgängerin.

Wenn aber der Gezeitenwechsel das Wasser zurückfließen lässt, dann fällt das Watt trocken, das heißt, es wird zu einer weiten, dunkel schimmernden Fläche, an deren Ende man den Saum des Meeres nur noch ahnen kann. Der Tidenhub, also die Differenz in der Höhe des Meeresspiegels bei Ebbe und bei Flut, macht hier etwa zwei Meter aus. Bei Ebbe sieht das Watt so aus, als könne man bis zur dänischen Küste zu Fuß hinübergehen, aber es sieht eben nur so aus, denn in der Keitumer Bucht und vor der Jückersmarsch gibt es keine großen Sandflächen, sondern ein Schlick-Watt, in dem der Unkundige schon mal bis zum Bauch versinken kann. (...)
Nun ist der klare Horizont auf Sylt auch immer eine Frage des Wetters, also der Sicht. Wenn die aber gut ist, dann ist der Horizont, von meiner Bank aus gesehen, so weit, dass man die Erdkrümmung mindestens ahnen kann. Der Blick reicht vom Lister Hafen zur Linken, entlang der dänischen Küste bis zum Hindenburgdamm und den Windrädern an der deutschen Küste zur Rechten; und dazwischen treiben Sonne und Wolken, zuweilen auch Regenschauer, ihr wechselvolles Spiel mit den Reflexionen des Wattenmeers. Man kann stundenlang zuschauen, ohne sich zu langweilen ...

folgende Doppelseite: Morgenstimmung über dem Wattenmeer am Rande der Jückersmarsch

Autor/Fotograf/Impressum

Hans Jessel,
1956 geboren und bis heute wohnhaft auf Sylt, ist Diplom-Geograf und kenntnisreicher Liebhaber seiner Heimatinsel.
Noch zu Studienzeiten machte er seine Passion zum Beruf. Diverse Bildbände (die meisten davon im Ellert & Richter Verlag, zuletzt der große Band „SYLT“, 2022), zahllose Kalender und Ausstellungen zeugen von seinem Bemühen, sich der Insel in Wort und Bild zu nähern.

Bibliografische Information der Deutschen Nationalbibliothek
Die Deutsche Nationalbibliothek verzeichnet diese Publikation in der Deutschen Nationalbibliografie; detaillierte bibliografische Daten sind im Internet über http://dnb.d-nb.de abrufbar.

ISBN 978-3-8319-0856-1

Der Text von Hermann Schreiber ist erstmals erschienen in:
Stille Winkel auf Sylt, Hamburg 2011

Fotografie: Hans Jessel, Westerland/Sylt
Text und Bildlegenden: Hans Jessel, Westerland/Sylt
Gestaltung: BrücknerAping, Büro für Gestaltung, Bremen
Gesamtherstellung: Florjancic, Maribor, Slowenien

www.ellert-richter.de
www.facebook.com/ EllertRichterVerlag
Instagram: @ellert_richter_verlag